AF315334

DISCOURS

PRONONCÉ

PAR LE CURÉ

DE LA PAROISSE DE SAULT,

Le 5 messidor an XII (24 juin 1804),

Sur l'heureux avénément de NAPOLÉON BONAPARTE, *à la dignité suprême d'Empereur des Français.*

Ecce vir quem dixeram tibi : iste dominabitur populo meo,

Voilà, dit le Seigneur, le héros dont je vous avois parlé : c'est lui qui sera à la tête de mon peuple pour le gouverner. *Liv. I des Rois, ch. 9.*

MES TRÈS-CHERS FRÈRES,

LES grands et heureux événemens frappent et intéressent tous les cœurs.

Vous me prévenez, sans doute, au sujet du Héros que la providence avait destiné à être le sauveur de la France, et qu'elle vient d'élever à l a suprême dignité d'Empereur des Français, pour notre gloire et notre plus grande tranquillité.

Souffrez néanmoins, que je vous présente quelques courtes réflexions sur une époque non moins fortunée que glorieuse pour la France.

Si, dans ces momens de crise, où le Seigneur, dont les décrets sont aussi impénétrables que pleins de justice et d'infaillibilité, pour nous punir et nous corriger de nos infidélités, nous avait abandonnés à nous-mêmes, et livrés à la plus affreuse anarchie : si, dans ces tristes et malheureuses circonstances du bouleversement général, où toute la France, étant cruellement déchirée par des réactions continuelles, et les lois étant trop faibles pour contenir les méchans et réprimer la fureur, l'intérieur de ce vaste empire était en proie aux plus horribles factions ; le dehors entièrement occupé à machiner les plus funestes intrigues ; nos frontières devastées par toutes les horreurs de la guerre; notre population exterminée par les meurtres et les carnages; notre brillante jeunesse dévouée aux plus sanglans combats; nos lois étouffées par leur trop grande multitude; nos fortunes délabrées; nos autels renversés, nos temples profanés ou détruits, le culte interdit, ses ministres persécutés; nos possessions en proie aux plus injustes pillages, nos personnes, aux violences et aux vexations; les familles désolées, et ne respirant qu'au milieu des craintes et des alarmes, enfin nos têtes exposées aux plus imminens dangers: si, dans ces momens pénibles et critiques, où l'innocence était un crime, la seule licence ou l'audace une sauve-garde: si, au milieu de ces terribles secousses, où la révolution dévorant tout, comme un cruel vautour, se dévorait elle-même jusques dans ses entrailles, et où il n'y avait rien d'assuré pour nous, que la terreur ou la mort; on était venu nous annoncer que, dans une contrée lointaine, il existait un héros plein de sagesse et de valeur, qui n'attendait plus que notre vœu, pour devenir le sauveur de la patrie , et nôtre libérateur, avec quel empressement n'eussions-nous pas été le conjurer de voler à notre secours ?

Eh bien ! MES TRÈS - CHERS FRÈRES, sans aller chercher si loin ce Héros, il s'est trouvé, comme par un miracle, au milieu de nous.

Les cris de nos désastres attendrirent son cœur, et l'attirèrent, du fond de l'Égypte où il triomphait, et d'où le Seigneur l'appela, comme un nouveau Moïse, pour être notre ange tutélaire, et nous tirer de la plus dure servitude. *Ex Ægypto vocavi filium meum.* Osée , chap. 11, v. 1.

A sa voix , l'anarchie tremblante rentra dans les bornes du devoir, le délire cessa , l'esprit de parti fut dissipé ; les factions disparurent, les opinions tendirent à l'unité; la discorde et la confusion firent place au calme et à l'harmonie; la France, victorieuse de tous ses ennemis, reprit son aménité, son lustre et son équilibre; Marengo mit le comble à nos conquêtes imposantes ;

la paix succéda aux horreurs de la guerre,
la vertu proscrite fut rappelée, et rentra
dans ses droits ; le genre-humain recouvra
le doux espoir de se voir renouveler par
la brillante jeunesse rendue aux soupirs
empressés de ses parens attendris ; le code
civil, politique et militaire fut refondu ; la
discipline rétablie, les lois améliorées, les
temples furent restaurés, les autels relevés,
le culte protégé, les solennités rétablies,
le sort des ministres fut fixé, les pasteurs
furent rendus à leurs troupeaux réunis ; nos
cérémonies plus simplifiées devinrent plus
augustes, le concordat mit le sceau au vœu
des fidèles ; la religion triompha avec plus
d'éclat ; la révolution enchaînée et appaisée,
comme une mer en courroux, reconnut les
limites que ce Héros lui traça, et se remit
dans le niveau ; enfin l'univers, de toutes
parts agité, se tût devant ce conquérant
législateur. *Et siluit terra in conspectu ejus.*
Mach. liv. 1, ch. 1, v. 3.

A ces traits, qui tiennent du prodige,
qui ne reconnaît l'ouvrage de la sagesse et

des talens de NAPOLÉON BONAPARTE ?
qui ne lui a déjà érigé un trône dans son
cœur ?

Plus généreux qu'Alexandre, plus habile
qu'Annibal, aussi brave que Scipion, plus
savant que Licurgue, plus sage que Solon,
non moins prudent que Fabrice, plus heureux que César, et plus digne de l'être ;
sa clémence l'élève au-dessus d'Octave
Auguste, et sa tendresse pour le genre-
humain, l'égale à Titus : enfin sa piété,
qui nous fait oublier les Clovis et les
Charlemagne, nous est un sûr garant de
son zèle pour la gloire de Dieu, et nous
fait espérer que ce Constantin moderne,
restaurateur du culte et des autels, fera
fleurir, plus que jamais, la religion de
nos pères. Sa plus douce ambition n'a
d'autre but, que la félicité publique et la
gloire des Français.

Est-il surprenant que la providence,
qui ne nous a frappés que pour nous guérir,
et qui dispose tout avec autant de force

que de sagesse et de douceur, ait destiné ce grand Héros à être le père d'un grand peuple et le modérateur suprême d'un puissant empire?

Pourrions - nous donc, MES TRÈS-CHERS FRÈRES, ne pas adhérer au Sénatus-Consulte des pères de la patrie, et refuser nos suffrages à celui que la providence a choisi pour être notre chef et notre ange tutélaire? Unissons-nous tous de cœur et d'esprit, pour jurer une fidélité inviolable aux Constitutions de l'Empire et à l'Empereur des Français; et contribuons, de toutes nos forces, à seconder ses desseins paternels.

Que l'alégresse, gravée dans nos cœurs, éclate sur nos visages : élevons, MES TRÈS-CHERS FRÈRES, élevons tous ensemble nos voix dans ce saint temple, pour rendre les plus solennelles actions de graces à l'Éternel, au suprême modérateur et conservateur des Rois et des empires; supplions l'Esprit-Saint de combler, de plus en plus, de ses lumières et de ses dons les plus abondans, ce nouveau Salomon ; prions pour la plus grande prospérité de la nation française , et redoublons nos vœux pour la conservation et la prolongation des jours précieux du très-digne Empereur que le ciel nous accorde dans sa bonté.

LE VŒU DES FRANÇAIS

PLEINEMENT ACCOMPLI.

QUE tout respire l'allégresse ! . . . . .
France, applaudis à ton bonheur.
Disposant tout avec sagesse,
Le ciel t'accorde un empereur.

NAPOLÉON, cet homme unique,
Ennemi d'un lâche loisir,
Ami de la chose publique,
Se rend enfin à ton désir.

Son cœur, préférant la patrie
Aux attraits d'un juste repos,
Veut bien, pendant toute la vie,
Prolonger, pour toi, ses travaux.

S'il consent à régir l'empire,
C'est pour mieux affermir tes lois :
Le seul amour du bien l'inspire,
En se chargeant d'un si grand poids.

Sous lui, tu n'auras plus à craindre
Quelque funeste changement,
Et nul n'osera plus enfreindre
Tes lois, ni ton gouvernement.

Tout fleurira sous la conduite
De ce Héros chéri des cieux,
Dont tous les pas sont une suite
D'un cœur sensible et généreux.

Tu tiens gravé dans ta mémoire,
France, et tu sais combien de fois,
Ce fils aîné de la Victoire
A volé d'exploits en exploits.

Il fit trembler la Germanie;
Et forçant enfin les Césars,
Il fut Pallas par son génie,
Et par sa valeur le dieu Mars.

L'Afrique admira son courage:
Deux fois, l'Italie aux Français,
Ainsi qu'à lui, rendit hommage.
Marengo combla ses hauts faits.

Il fut ton ange tutélaire;
Tu dois le calme à ses vertus:
Désormais il sera ton père;
En lui tu trouveras Titus.

O quelle époque fortunée !.......
Le sceptre d'un si grand mortel
Fixe, à jamais, la destinée
Et de l'état et de l'autel.

Français ! que votre gratitude
Éclate aux yeux de l'univers......
Vous voilà dans la certitude
D'être à l'abri de tout revers.

Actions de graces.

O ciel, dont la bonté propice
Veut bien accorder à nos vœux
Un Empereur dont la justice
Nous rend, chaque jour, plus heureux!
Reçois nos actions de graces ;
Prolonge les jours d'un Héros
Qui, pour terminer nos disgraces,
Renonce aux douceurs du repos.

Sur la Statue de l'Empereur NAPOLÉON.

DANS ce chef-d'œuvre de sculpture,
Consacré par la Nation,
Français, révérez la figure
De l'empereur NAPOLÉON.
Les beaux exploits de ce grand homme
L'égaleront aux immortels :
S'il eût jadis vecu dans Rome,
Il eût obtenu des autels.

Les quatre Arbitres du Monde.

Vive NAPOLÉON, si cher à plus d'un titre,
Puisqu'il n'agit en tout, que pour notre bonheur !....
Que le mètre avec lui, le gramme avec le litre,
Règlent tout l'univers, et soient comblés d'honneur!...
Ces arbitres du monde augmentent notre gloire ;
Par eux, au globe entier nous donnerons la loi :
Notre Empereur nous rend maîtres de la victoire,
Et le nouveau calcul, ceux de la bonne-foi.

LE VŒU

DE L'EMPEREUR TRÈS-CHRÉTIEN,

O U

LA PROCESSION GÉNÉRALE DU 15 AOUT.

D I A L O G U E

Entre l'Empereur des Français, le Peuple
et le Clergé.

L'Empereur.

UNISSONS, ô Français ! nos concerts en ce jour ;
Consacrons, par nos chants, le culte de Marie.... ;
Que sa protection excite notre amour.
Chantons de ses faveurs la grandeur infinie,

Le Peuple français.

Nous voici, grand Héros, prêts à nous réunir,
Pour chanter les bontés de notre bienfaitrice ;
Marie est, en tout temps, prompte à nous secourir ;
Célébrons les bienfaits de notre protectrice.

L'Empereur.

Qui l'invoque ici-bas, ne périra jamais :
Tel est de son pouvoir l'auguste privilége.

Le Peuple français.

Nous savons que son Fils, la comblant de bienfaits,
Comble aussi de ses dons tous ceux qu'elle protége,

L'Empereur,

Cette Reine des cieux, en toute occasion,
Aime à s'intéresser au bonheur de la France.

Le Peuple français.

Nous sentons les effets de sa protection.
Marquons-lui, marquons-lui notre reconnaissance.

L'Empereur.

Heureux qui, dans ce monde, à Marie a recours !
Cette Reine des cieux jamais ne l'abandonne.
Pour nous mieux attirer son très-puissant secours,
Français, invoquons-la, comme notre patronne.

Le Peuple français.

Vous prévenez nos vœux et notre empressement,
Pour notre protectrice et notre tendre mère :
Elle veille sans cesse à l'agrandissement
De ces vastes états dont vous êtes le père.

L'Empereur.

Qu'on honore par-tout la mère de mon Dieu,
Qui porta le Sauveur dans ses chastes entrailles !

Le Peuple français.

Que son nom soit béni ; qu'on le chante en tout lieu,
Ce nom qui rend vainqueur au milieu des batailles !

L'Empereur.

Pour rendre notre vœu beaucoup plus solennel ;
Que le Clergé s'unisse à la voix générale !
Et puisque tout lui doit un tribut immortel ,
Que le céleste chœur par ses chants se signale !
Que la religion préside à nos concerts ,
Dans ce jour signalé de triomphe et de gloire !

Le Clergé.

Vous pouvez, grand Héros , de nos accords divers ,
Disposer , pour chanter Marie et sa victoire.
Marie est du Clergé le modèle et l'appui :
Qu'il nous est gracieux de chanter ses louanges
En quel temps que ce soit , mais sur-tout aujourd'hui ,
Que son cher Fils l'élève au-dessus des Archanges !

L'Empereur.

Je connais votre zèle , ainsi que vos travaux :
Mais j'en trouve une preuve encore plus précise
Dans votre empressement. . . . . . .

Le Clergé.

Pourrions-nous , grand Héros ,
Oublier , un instant , la Reine de l'église ,
Qui nous comble , en tout temps , de ses plus grands bienfaits ,
En nous donnant , en vous , un Ange tutélaire ,
Qui fixe , par ses soins , le bonheur des Français ,
Ravis de célébrer ce bel anniversaire ?
O Peuple ! secondez nos voix en ce beau jour.

(15)

Le Peuple français.

O Clergé ! commencez, et chantons tour-à-tour.

Le Clergé.

Vase d'élection, céleste et grande Reine,
Étoile du matin, Astre mystérieux,
De la terre et des cieux auguste souveraine,
Soyez-nous favorable et remplissez nos vœux.

L'Empereur.

Nos vœux ont pour objet le bonheur d'un Empire
Qui se fait un devoir de vous être soumis :
Mère du Créateur de tout ce qui respire,
Protégez les Français contre leurs ennemis.

Le Peuple français.

O miroir de justice, ô Mère incomparable !
Conservez-nous le calme au-dedans, au-dehors ;
Prolongez les beaux jours du Héros admirable
Qui nous donna la paix par ses nobles efforts.

Le Clergé.

Source pure, exaucez nos ardentes prières
En faveur du Héros qui fait notre soutien :
Comblez de vos faveurs les plus particulières,
Ce grand homme qui fait de votre honneur le sien.

L'Empereur.

O colonne des cieux, ô Mère de clémence,
Que le vœu de mon cœur parvienne jusqu'à vous !

Protégez le Clergé , soyez son espérance,
Et comblez ses désirs des dons de votre époux.

Le Peuple français.

Vierge sainte, agréez l'ardeur de notre zèle ;
Protégez l'Empereur , les Tribuns, le Sénat ;
Protégez le Clergé, qui vous prend pour modèle,
Et qui ne croit tirer, que de vous , son éclat.

Le Clergé.

Grande Reine , écartez de tout ce vaste empire,
La peste, les malheurs, la guerre et les fléaux ;
Et puisque vous veillez sur tout ce qui respire,
Écartez des Français jusqu'à l'ombre des maux.

L'Empereur.

O trésor de vertus, espoir des Patriarches,
Miroir de l'Esprit-Saint, dépôt d'un Dieu fait chair,
Tabernacle sacré , modèle des deux Arches,
Au Souverain du ciel rendez le peuple cher !

Le Peuple français.

Admirable soutien de notre République,
Vous dont chacun attend le plus puissant secours ,
Nous vous recommandons la France catholique,
Qui, dans tous ses besoins, à vous aura recours.

Le Clergé.

En écartant les maux à nos corps si contraires ,
Appui de notre espoir, ô colonne des cieux !

Écartez dé nos cœurs ces blessures meurtrières
Qui de tous les fléaux sont les plus dangereux.

L'Empereur.

Dé ces vastes états, écartez tous les vices,
Et n'y faites régner que l'amour des vertus :
Sans l'horreur du péché, les plus grands sacrifices
Ne sont aux yeux du ciel, que vains et superflus.

Le Peuple français.

En rendant au-dehors nos armes triomphantes,
Faites-nous au-dedans triompher des démons :
Dissipez, dissipez leurs troupes insolentes ;
Vierge sainte, sans vous, hélas ! nous succombons.

Le Clergé.

Régnez sur nous, régnez, ô Vierge sans souillure !
Régnez sur nos esprits, dominez sur nos cœurs,
Et dirigez nos pas vers cette source pure
Qui peut seule enivrer nos sens par ses douceurs.

L'Empereur.

Vers le céleste but dirigez notre route,
O Vierge triomphante, ô colonne du ciel !
C'est-là que notre foi, ne formant plus de doute,
Nous rendra possesseurs de l'empire éternel.

Le Peuple français.

C'est vers ce digne objet que nos désirs, sans cesse,
Nous entraînent, malgré le monde et ses appas :

Vierge sainte, du haut du séjour d'alégresse,
Intercédez pour nous, ne nous délaissez pas.

L'Empereur.

Tel est le vœu sacré, qu'en ce jour plein de gloire,
M'inspire mon amour pour la religion.
Puisse d'un si beau jour l'agréable mémoire
Eterniser son culte et sa protection !

Le Clergé.

Pour ne pas oublier une si belle époque,
Nous ne manquerons pas, Prince religieux,
D'assigner cette fête, afin que l'on invoque,
Chaque année, à tel jour, la maîtresse des cieux.

L'Empereur.

Sous la protection de cette tendre Mère,
La France reprendra son lustre et son éclat :
Tâchez, par vos vertus, ô Français, de lui plaire
Pour la rendre propice aux besoins de l'état.

Tous Ensemble.

Gloire à la Trinité qui l'unité possède ;
Gloire au Père-éternel, gloire au Fils son égal,
Louange à l'Esprit-saint, qui de tous deux procède,
Et qui forma le Fils dans le sein virginal.

L'ASSOMPTION,

OU

LE TRIOMPHE

DE LA TRÈS-SAINTE VIERGE,

HYMNE

Chanté à la Procession du 15 août.

Qu'entend-je ? quel doux son fait retentir les airs ,
  Des plus magnifiques louanges ?
  Au milieu des plus beaux concerts ,
Il me semble d'entendre un million d'Archanges
Dont la voix réjouit le ciel et l'univers.

Les Dominations jointes aux Chérubins ,
  Les Principautés , les Puissances ,
  Les Trônes et les Séraphins ,
Et les Vertus des cieux , et les Intelligences ,
Du brillant firmament bordent tous les chemins.

Le corps des Bienheureux , les Colonnes du ciel ,
  Les Patriarches , les Prophètes ,
  Des Vierges le Chœur immortel ,
Les Martyrs , les Docteurs et les Anachorètes
S'empressent d'accourir , dans ce jour solennel.

Jésus-Christ revêtu de l'immortalité ,
  S'avance , à côté de son Père ;
  Enfin , toute la Trinité ,
S'offrant à mes regards , sans voile et sans mystère ,
Semble aller au-devant d'une divinité.

Quel sublime appareil ! tout dans ce bel instant,
    N'annonce-t-il pas la victoire
    D'un être auguste et triomphant,
Qui sort de ces bas-lieux, pour entrer dans la gloire,
Et régner à jamais dans l'empire éclatant ?

Telle fut, dans le ciel, ô Mère de mon Dieu !
    Ta divine et brillante entrée :
    Ton Fils, pour seconder ton vœu,
T'enleva triomphante au sein de l'empyrée,
Et t'établit la Reine et l'appui de ce lieu.

Entre, puissante Reine, au son des instrumens,
    Dans le sein de ton héritage :
    C'est, dans ces gracieux momens,
Que, ravi de te voir, ton tendre Fils partage
Avec toi son royaume et ses embrassemens.

Tout s'embellit pour toi, dans cette occasion ;
    A ton aspect, ô Vierge pure !
    Tout brille, et sans distinction,
Tout ce qui n'est pas Dieu, mais simple créature,
S'abaisse, devant toi, dans la sainte Sion.

Que ton bonheur est grand ! tu ne manques de rien :
    Assise auprès de ton Messie,
    Peux-tu manquer de quelque bien ?
Mais quelque grand que soit, ton bonheur, ô Marie !
Peut-on se figurer quel éclat est le tien ?

Jouis de ton triomphe et de ton grand pouvoir,
    Au ciel, sur la terre et sur l'onde ;
    Sois notre appui, sois notre espoir ;
Et fais que les faux biens que présente ce monde,
Ne nous détournent point de t'aimer, de te voir.

Astre brillant des cieux , étoile de la mer ,
    Toi qui conduis toute entreprise ,
    Fléau des puissances de l'air ,
Modèle du Clergé, lumière de l'Eglise ,
Écarte des Français jusqu'au moindre danger.

O Vierge ! en triomphant , triomphe de nos cœurs ;
    Embrase-les d'un nouveau zèle ,
    Rends-nous dignes de tes faveurs ;
Fais-nous aimer le ciel où ton Fils nous appelle :
Inspire-nous le goût des célestes douceurs.

Étoile du matin , astre brillant du jour ,
    O toi que l'univers implore
    Avec respect , avec amour !
Fais briller les rayons de ta divine aurore,
Pour diriger nos pas vers l'éternel séjour.

Ce n'est qu'en t'imitant avec fidélité ,
    Que l'on obtient , ô Vierge sainte !
    Cette parfaite charité ,
Qui fait que l'on chérit son semblable , sans feinte :
Comble-nous de tes dons avec l'humilité.

O Mère du Sauveur , miroir des Bienheureux ,
    Modèle parfait des deux Arches ,
    Soutien de la terre et des cieux ,
Colonne des Martyrs, espoir des Patriarches ,
Intercède pour nous, sois propice à nos vœux !

Du haut de ton bonheur détourne les fléaux
    De tout ce qu'ici-bas respire ;
    Écarte de nous tous les maux :
Protége les Français, fais fleurir leur empire ,
Et prolonge les jours du plus grand des Héros.

C'est pour notre bonheur, qu'en ce jour solennel,
    Tu présidas à la naissance
    De cet invincible Mortel,
Qui devint à propos le sauveur de la France,
Et fut l'exécuteur des volontés du ciel.

C'en était fait de nous, dans ces malheureux jours,
    Où la fraude et la noire envie,
    Se donnant le plus libre cours,
Avides de nos biens, menaçaient notre vie,
Lorsque NAPOLÉON vint à notre secours.

Sensible à nos malheurs, tu supplias ton Fils
    De jeter un regard propice
    Sur les Français que tu chéris ;
Et le ciel arrêtant les traits de sa justice,
Ton cœur fut satisfait, nos vœux furent remplis.

Daigne agréer les chants de tous les bons Français
    Qui célèbrent l'anniversaire
    De tes plus signalés bienfaits,
Qui sont le Concordat et l'Ange tutélaire
Qui consola l'Église, et nous donna la paix,

A SON ALTESSE IMPÉRIALE,

MADAME BONAPARTE,

MÈRE DE L'EMPEREUR DES FRANÇAIS.

Du plus grand des Héros, auguste et digne Mère,
Seconde nos concerts, dans ce jour glorieux,
Qui rappelle à nos cœurs l'heureux anniversaire
Du triomphe immortel de la Reine des cieux :
Il nous rappelle encor l'époque salutaire
Où le ciel fit sortir, de ton sein généreux,
Ce Héros qui devint notre ange tutélaire.
Pourrrions-nous célébrer un jour plus gracieux ?

A SA MAJESTÉ

L'IMPÉRATRICE DES FRANÇAIS,

Vous, en qui des vertus le plus noble assemblage
Contribue en tout temps à notre doux repos ;
Madame, veuillez bien agréer notre hommage,
Et le faire agréer au plus grand des Héros.

LE CONSEIL DES DIEUX

EN FAVEUR DE LA FRANCE.

Les dieux enfin touchés des malheurs de la France,
Tinrent conseil entr'eux, pour former un Héros
Qui, rempli de valeur, d'esprit et de prudence,
N'eût d'autre ambition que le commun repos.
Jupiter lui donna sa bonté, sa puissance ;
Minerve, son égide ; et Mars, ses javelots ;
Alcide, son grand cœur ; et Thémis, sa balance,
Pour mettre l'équilibre et réparer nos maux.
Qui n'apperçoit d'abord, dans ce portrait sublime,
Les grandes qualités du Héros magnanime

Dont l'univers entier admire les hauts faits ?....
A peine parut-il, qu'il se couvrit de gloire.
Par sa seule présence, il fixa la victoire :
Mais il ne combattit que pour donner la paix.

Sur le Portrait de N A P O L É O N, Empereur des Français.

CE Héros que tu vois, illustrera l'histoire
Par sa grande valeur et ses talens divers.
Il commande à la paix, ainsi qu'à la victoire,
Pour le bien de la France et de tout l'univers.

Sur le Portrait du même Empereur.

FRANCE, en voyant ici l'appui de la patrie,
NAPOLÉON le Grand, qui vint tarir tes pleurs ;
Rappelle ces momens d'horreur et d'anarchie,
Qui te précipitaient de malheurs en malheurs.
Par ses soins, tu ressens du bonheur l'influence ;
Sa valeur t'a sauvée ; il te donna la paix :
Tu commandes par-tout..... que ta reconnaissance
Égale, s'il se peut, la grandeur des bienfaits.

Différence entre le Roi Alexandre et l'Empereur N A P O L É O N.

JE vois beaucoup de différence
Entre le Héros de Pella,
Et le grand Héros que la France,
Du Nil, à grands cris, appella :
L'un ne faisait que des esclaves ;
L'autre brisant toutes entraves,
Maintient l'honnête liberté :
Le premier ravagea l'Asie ;
Le second sauva la patrie.
Qui ne voit la diversité ?

De Anniversario ortûs Napoleonis Bonaparte,
Imperatoris Galliæ.

Die 15ᵃ mensis augusti.

Inclyte dux , qui nos optatâ pace beasti,
  Magnum præsidium , lutetiæque decus;
Dum tibi grata dies ortûs festiva recurrit,
  Francorum votis annue , Napoleo.
Sæpiùs ista dies redeat , nunquamque recedat :
  Gallis vive diù , vive deindè tibi . . . . .

Au tendre Fils du général Murat , en lui présentant
  du bois de la véritable Croix , à Florence , le
  15 prairial , an IX.

Recevez , cher poupon , un brin de cette croix
Sur laquelle expira l'auteur de notre vie.
C'est avec le secours de ce précieux bois ,
Que vous pourrez , un jour , mieux servir la patrie.
Souvenez-vous sur-tout que le grand Constantin ,
Par ce signe éclatant , triompha de Maxence ;
Et que le grand Héros qui dirige la France ,
Fixera, comme lui , la paix et le destin.

Sur l'Apollon du Belvedere , placé dans le Musée
national, par ordre du général Bonaparte.

En voyant l'Apollon qu'un Héros plein de gloire
Fit venir de fort loin , pour diriger les arts ,
Souviens-toi que ce dieu guide aussi la victoire ;
Et ne t'étonnes pas s'il est chéri de Mars.

VŒU

DE LA NATION FRANÇAISE,

Q U E le sauveur de la patrie,
Qui fait notre plus grand bonheur,
Soit pour long-temps notre Empereur !....
O Ciel ! doublez, triplez sa vie......

Qu'il vive plus, du moins autant
Que le Nestor dont parle Homère :
Qu'il soit notre appui, notre père.....
Ce point nous est très-important.

Que son nom, bien tard, dans l'histoire,
Brille à la tête des héros !....
Qu'il vive pour notre repos !....
Qu'il vive heureux pour notre gloire !...

Qu'à l'ombre de ses beaux lauriers,
Il goûte un repos honorable !....
Que ce Héros incomparable
Soit le modèle des guerriers !....

Que, par ses soins, la République
S'affermisse en ses fondemens !....
Qu'on dresse mille monumens,
Pour honorer cet homme unique !....

Qu'on ait pour ses talens divers,
Les égards dûs au grand mérite !....
Que tous les projets qu'il médite
Soient respectés de l'univers !....

Qu'il consolide son ouvrage ,
En cimentant par-tout la paix ! . . . .
Qu'on chante , en tous lieux, ses hauts faits ,
Et que chacun lui rende hommage ! . . . .

Que , sous lui , brillent les beaux arts ,
Le commerce et l'agriculture ! . . . .
Que la religion plus pure
Fleurisse sous ses étendards ! . . . .

Que ses jours ne soient qu'une fête
Dont le tissu soit éternel ,
Et qu'enfin les faveurs du ciel
Se réunissent sur sa tête ! . . . .

C'est le vœu de la Nation ,
Qui voit, en lui , sa providence.
Hélas ! que deviendrait la France ,
Sans l'Empereur NAPOLÉON ? . . . .

LE CORPS DE RÉSERVE

DE DIJON,

O U

L'ÉLITE DU CORPS D'ARMÉE QUI TRIOMPHA

à Marengo en l'an VIII.

IL fut un moment où la France,
Exposée à la trahison,
Contre elle eût vu tourner la chance,
Sans la Réserve de Dijon :
Mais, pour sauver la République,
Le fameux vainqueur de l'Afrique,
Avait préparé ce secours.
Les troupes étaient sur la place,
Quand, pour ranimer leur audace,
Un vieillard leur tint ce discours :

» La gloire au combat vous appelle;
» Que tardez-vous, braves guerriers?
» Contre la ligue criminelle,
» Marchez, dragons et fusiliers :
» C'est BONAPARTE qui vous guide.
» Sous ce général intrépide,
» Il faut, il faut vaincre ou mourir.
» Mais qui combat sous ses auspices,
» A Mars et Minerve propices,
» Et ne saurait jamais périr.

» Courez, volez à la victoire;
» Exterminez tous les brigands.
» Vos noms, au temple de mémoire,
» Occuperont les premiers rangs.

» Le guerrier qui se sacrifie
» Pour le salut de la patrie,
» Jouit d'un glorieux repos ;
» Et sa grande ame est destinée
» A revivre dans l'Élysée,
» Parmi les dieux et les héros.

» Codrus, qui mourut pour Athènes,
» Revit dans ces heureux séjours,
» D'où les remords suivis des peines,
» Sont enfin bannis pour toujours.
» C'est près de lui que les Décies,
» Et les Coclès et les Clélies
» Coulent des jours purs et sereins :
» Tandis qu'aux enfers, les esclaves
» Rampent, loin d'eux, sous leurs entraves,
» Et sont l'opprobre des humains. »

A ces mots, remplis de courage,
Le Corps de réserve partit,
Et sans redouter le carnage,
Comme un lion, il se battit ;
Soudain, Turin, la Ligurie,
Milan, Bologne, l'Émilie
Furent le prix de la valeur.
Tant il est vrai qu'un chef habile
Rend la victoire plus facile,
Et sait corriger le malheur !

DE SOLEMNI INGRESSU
SUMMI PONTIFICIS
CHIARAMONTI PII VII,
IN ALMAM CIVITATEM, ANN. 1800.

Denique clarescunt septem, post nubila, Montes;
  Atque redit Romam sol, veniente Pio.
Jam via flaminii resonavit voce sonorâ :
  Ecce venit populi vita salusque sui.
Illicò Roma potens, depostâ veste doloris,
  Occurrit; duplex ordo coronat iter.
Arte triumphalis duplex attollitur arcus
  Et pandunt aditum mænia Pontifici.
Æra sonant : intrat pastor comitante catervâ;
  Gestit Relligio, cunctaque templa nitent :
Exultat populus, viso patre; clerus adorat;
  Plaudit nobilitas, cœtus et omnis ovat.
Lætatur Petrus, Paulusque triumphat, et omnes
  Cum Christo sociant gaudia cælicolæ.
Quos inter Benedictus adest, è nube serenâ
  Quanta sit admirans gloria Discipuli.
Intereà tali delectu Gallicus heros
  Gaudet prænoscens omnia Napoleo.
Tantum Pontificem jàm prævidet esse futurum
  Ecclesiæ francorum imperiique patrem.
At Pius heroïs qui grandia pectora novit,
  Ejus magnanimam captat amicitiam.
Ex tunc concordes ambo conatibus æquis
  Nostræ fortunæ consuluere simul.
Heros Napoleo paci, nostræque saluti
  Pastorum princeps annuit omnipotens.

Tali consensu mox Gallia pace quievit ;
    Relligio rediit , floruit Ecclesia.
Grates æternas , mortales , reddite cœlo ,
    Quod nobis tantos protulit hosce viros.
O ter fausta dies , quæ tantam denique reddis ,
    Post tenebras , lucem , lætitiamque paris ! . . . .
Tu das Ecclesiæ sponsum , mundique parentem ,
    Qui nos felices , incolumesque facit.
Salve , sancte Pater , pater optime , maxime Pastor :
    Tu nos lætificas prosperitate tuâ.
Vive diù , populosque bea : tua maxima virtus
    Pax et certa salus Urbis et Orbis erit.
Vivat NAPOLEO ! . . . . convivat uterque beatus ,
    Humani generis , cùm sit uterque pater ! . . . .

AD EMINENTISSIMUM

D.D. CARDINALEM FŒSCHUM,

LUGDUNI ARCHIEPISCOPUM.

ECCLESIÆ princeps , Lugduni maxime præsul ,
    Sis mihi præsidium , carminibusque fave.
Annuat atque soror tua Nati laudibus almi ;
    Cantibus et plaudat Gallia tota meis.
Magnos dùm canerem successus NAPOLEONIS ,
    Quidquid tentabam dicere , versus erat.
Quid mirum ? cùm magnanimi præconia vatem ,
    Qui canit heroïs , Numina cuncta juvent ?

LES TROIS FRÈRES.

JUPITER autrefois adopta ses deux Frères
Dans le gouvernement de ce vaste univers ;
Et, pour le soulager du poids de tant d'affaires,
Pluton eut l'occident, et Neptune, les mers :
Mais il se réserva la suprême puissance.
Ainsi, le grand Héros qui dirige la France,
Sans céder le pouvoir, adopte deux adjoins.
C'est agir prudemment. Peut-on être plus sage,
Que d'imiter un dieu qui, dans un grand ouvrage,
Commande seul en maître, et partage les soins ?

AUX FRANÇAIS,

Sur le Sacre de l'Empereur NAPOLÉON.

Inveni David servum meum : oleo sancto meo unxi cum : manus enim mea auxiliabitur ei, et bracchium meum confortabit cum. Psal. 88.

TANDIS que l'Éternel, qui vous prend pour partage,
Propice à vos désirs, vous donne un Empereur
Pour le représenter et seconder son cœur,
Français, comportez-vous comme son héritage.
    Votre salut est son ouvrage.
    Il a détruit par sa valeur,
Comme un autre David, le géant destructeur
Qui ravageait la France, et la couvrait d'outrage.
Offrez à ce Héros vos cœurs et votre hommage,
Et respectez en lui l'Ange et l'Oint du Seigneur.

L.-M. TOURNEFORT.

A CARPENTRAS,
De l'Imprimerie de J.-A. PROYET, rue 16, nº 18. — An XII.